HENRI-ROBERT

Voyage à travers

les grands Procès

CONFÉRENCE FAITE A LA SOCIÉTÉ NORMANDE DE GÉOGRAPHIE

ROUEN

IMPRIMERIE E. CAGNIARD (Léon GY, successeur)

Rues Jeanne-Darc, 88, et des Basnage, 5

1912

HENRI-ROBERT

Voyage à travers

les grands Procès

CONFÉRENCE FAITE A LA SOCIÉTÉ NORMANDE DE GÉOGRAPHIE

ROUEN

IMPRIMERIE E. CAGNIARD (Léon GY, successeur)

Rues Jeanne-Darc, 88, et des Basnage, 5

1912

Extrait du Bulletin de la Société normande de Géographie

(2e Cahier de 1912 — pp. 55-70)

Séance publique ordinaire du dimanche 10 décembre 1911.

Présidence de M. Albert FAROULT, président

VOYAGE A TRAVERS LES GRANDS PROCÈS

Conférence de M. HENRI-ROBERT

ALLOCUTION DU PRÉSIDENT

Mesdames, Messieurs,

Un avocat rouennais, dont la vie est trop liée à celle de la Société normande de Géographie pour que je puisse le nommer, me racontait, hier encore, qu'il y a de cela — le dirais-je ? Bah ! il est de ceux que le temps ne saurait toucher de son aile — près de vingt-cinq ans, il entrait à l'Ecole de Droit de Paris, et, avec ses compagnons de cours, éprouvait le plus vif plaisir à suivre les conférences, à entendre la parole chaude, le style châtié, la forme impeccable d'un jeune avocat du barreau de Paris qui le précédait de quelques années seulement dans la carrière.

L'orateur qui attirait déjà sur lui, à cette époque, l'attention admirative de ses camarades et l'étonnement de ses professeurs n'était autre que Me Henri-Robert, qui allait bientôt, à la barre, donner toute la mesure de sa valeur.

Le charme exquis de son verbe, l'aménité de son caractère, son abord bienveillant et sympathique lui valurent les profondes et durables amitiés de tous ceux qui l'entouraient et les distingués membres du barreau rouennais qui furent ses compagnons de colonne — comme on dit au Palais — peuvent dire combien ils lui sont sincèrement restés attachés et avec quel plaisir mêlé de respect ils le voient fréquemment prendre place à leur barre.

C'est ainsi qu'ayant gagné les cœurs de ses confrères, il s'est presque acquis droit de cité à Rouen. Il achève aujourd'hui cette conquête, en acceptant avec tant de bonne grâce l'invitation de notre vieille Société, et en procurant à nos concitoyens la bonne fortune de l'entendre.

Après avoir été secrétaire de la Conférence, devenu membre du Conseil de l'Ordre, Me Henri-Robert est, non seulement au Palais, mais dans le monde entier, l'avocat le plus connu et le plus admiré.

Est-il des causes célèbres dans les fastes des Assises qui ne l'aient vu s'asseoir au banc de la défense ?

Gabrielle Bompard, l'héroïne de l'affaire Gouffé, Anastay, Syveton, le caporal Geomay, pour ne citer que quelques noms, eurent recours à son éloquence persuasive.

Ce fut lui qui plaida la cause de Mme Humbert — la grande Thérèse — et qui, dans cette lutte épique entre l'escroquerie et le jobardisme, sut mettre plus d'une fois les rieurs du côté de sa cliente, à tel point que de l'aveu des spectateurs et, n'était la gravité du lieu, on se serait cru moins au Palais de Justice qu'au Palais-Royal.

Quel admirable rôle que celui de l'avocat d'Assises, employant tout son talent à faire vibrer chez les jurés les plus beaux sentiments du cœur pour obtenir l'indulgence et le pardon en faveur d'un être humain tombé parfois bien bas, mais à la chute duquel notre société moderne, toute pétrie d'égoïsme et dépourvue d'idéal, n'est pas toujours étrangère.

De l'âme de l'innocent comme de l'âme du criminel, il sait faire jaillir les effets que le bienfaisant soleil tire de l'eau quelles que soient les impuretés qui la souillent ; le soleil sans qui les choses ne seraient que ce qu'elles sont ; le soleil qui fait scintiller un diamant dans chaque gouttelette de la source, et sait encore, dans le cloaque le plus repoussant, mettre de chaudes tonalités d'or.

On a même prétendu que les avocats faisaient plus fort que le soleil et inventaient de toutes pièces certains effets.

Un de vos très aimables confrères du barreau de Paris, Me Chenu, a spirituellement pris la défense de l'Ordre :

« La vérité — s'est-il écrié — mais les avocats la disent tous et tou-
» jours, seulement, comme ils ont le sentiment de la décence, ils ne la
» laissent pas apparaître dans cet état de nudité qui fut le sien au sortir du
» puits : ils l'habillent, ils la décorent, ils la parent, mais ils ne la traves-

» tissent pas. Les avocats ne sont pas les costumiers de la vérité, ils en sont
» les grands couturiers ».

MESDAMES, MESSIEURS,

Je ne saurais abuser plus longtemps de vos instants ; je veux seulement
répondre à ceux qui m'accuseraient de faire entendre dans cette salle une
conférence sur « Un voyage à travers les grands Procès », voyage qui, je
dois l'avouer n'a qu'un très lointain rapport avec les choses de la Géographie. Si je voulais invoquer une excuse, je leur dirais que notre Société a
toujours tenu en honneur les lettres françaises, et que j'ai tenu à vous faire
connaître Me Henri-Robert, non pas comme avocat, je n'aurais pas cette
prétention, mais comme le causeur le plus charmant doublé du plus fin ·
littérateur. Vous voyez que j'aurais de nombreux motifs pour plaider
les circonstances atténuantes ; mais je préfère remettre ma cause entre les
mains de Me Henri-Robert : je suis assuré, à l'avance, d'un acquittement à
l'unanimité.

CONFÉRENCE

MESDAMES, MESSIEURS,

Je suis confus, charmé et surpris, en même temps, des fleurs qui
croulent ce soir sur moi. Emu, aussi, parce que votre Président, qui parle
aussi bien que le plus habile et le plus éloquent des avocats — et il vient de
prouver qu'il était un avocat éloquent — vous a parlé de moi avec tant
d'éloges qu'il semble qu'il ait oublié quelque peu ma présence.

Je suis étouffé sous ces fleurs, et j'ai besoin de respirer un peu et de
reprendre haleine.

Si j'avais quelque orgueil, j'éprouverais un sentiment tout-à-fait charmant d'être ici, parce que tout ce que disait tout à l'heure votre excellent
Président de l'accueil si parfait, si cordial, si sympathique que j'ai toujours
trouvé au barreau de Rouen, n'est qu'une faible partie de ce que je ressens
et de ce que je pense. Je compte dans ce grand barreau, qui possède tant
de gloires si pures, des amis excellents et je paie une véritable dette de
reconnaissance et de gratitude, il m'est doux de le dire ici, en exprimant
publiquement combien je suis reconnaissant au barreau de Rouen de l'accueil qu'il m'a toujours réservé.

Votre Président, Mesdames et Messieurs, vous a expliqué le but de ma présence à la Société normande de Géographie. Je ne suis ni un géographe, ni un voyageur, ni un explorateur, et je viens vous convier à un voyage à travers les grands crimes.

Voyage à travers les grands crimes! ce ne sera pas précisément un voyage au pays du Tendre. Mais, si j'avais une excuse, c'est celle-ci. Quand j'ai reçu l'aimable invitation de la Société normande de Géographie, j'ai répondu : « Mais qu'est-ce que je viendrai faire à Rouen ? ».

Et l'on m'a répliqué : « Rassurez-vous. Les séances de la Société normande de Géographie sont quelquefois consacrées à autre chose qu'à de la géographie. C'est ainsi que nous avons eu le grand honneur de faire venir un grand seigneur, M. le marquis de Ségur, de l'Académie française ; M. Paul Doumer, ancien gouverneur général de l'Indo Chine, et enfin, l'année dernière, c'est-à-dire tout récemment, le *Cheminot*, le poète prestigieux, l'avocat de la *Chanson des Gueux*, Jean Richepin.

Quand j'ai vu que mon excellent ami Jean Richepin, que M. Paul Doumer et M. le marquis de Ségur ont parlé devant vous de tout autre chose que de géographie, je me suis dit : « Je vais faire comme eux, je vais parler d'un sujet tout à fait étranger au but de la Société normande de Géographie ». J'ai accepté l'invitation qui m'était faite et voilà pourquoi je viens prendre la parole devant vous.

« Un voyage au pays du crime », c'est un peu ce qu'on appelle la « Tournée des Grands Ducs ». Mais rassurez-vous, vous la ferez sans aucun danger. Le voyage que nous allons faire ensemble est infiniment moins périlleux que le voyage que j'ai dû faire ce matin et que je ferai encore ce soir en sens opposé. En effet, tout à l'heure, en déjeûnant, j'ai appris, à ma grande surprise, que ma vie avait couru un grand danger en passant sur un certain pont, ce matin, et que ce soir je courais le même danger.

S'il y a ici des jeunes filles timorées, timides ; des dames craintives, elles n'auront pas ce soir à regarder s'il n'y a pas de voleur caché sous quelque lit, parce que nous allons évoquer des histoires tellement anciennes qu'elles n'ont plus l'acuité de terreur que pourrait inspirer une affaire toute récente.

Vous connaissez tous les crimes récents et quelquefois beaucoup mieux que les magistrats qui les jugent. Les crimes actuels, mais ils encombrent les journaux ! Ouvrez un journal, dans des colonnes entières, on vous raconte les détails circonstanciés du moindre meurtre et de l'instruction.

Depuis la loi de 1897, l'avocat est autorisé à entrer dans le cabinet du juge d'instruction, et il a avec lui le quatrième pouvoir qui a fait son entrée triomphante dans le cabinet du juge d'instruction. De sorte que, bien que l'instruction soit secrète, elle n'est plus secrète que de nom.

Qui donne les renseignements ? Ce n'est pas le greffier, ce n'est pas le gendarme, ce n'est pas l'accusé non plus, ni l'avocat, qui racontent ce qui se passe chez le juge d'instruction. Alors qui ?

Et je dis, en passant, pour excuser les crimes que je vais évoquer devant vous — et je ne perds jamais une occasion de le dire publiquement — le bruit fait autour des criminels est singulièrement dangereux et immoral. Cette réclame dans les journaux est pernicieuse. Un homme de bien peut faire une action d'éclat, on lui consacre quelques lignes à peine. Mais qu'un crime abominable vienne à être commis, et voici les développements considérables : portrait du criminel, son âge, son enfance, toute sa vie, enfin, en première place dans les journaux.

Il y a là un véritable danger, un véritable péril social.

Le jour où on aura organisé autour des criminels la conspiration du silence, il faut bien le dire, on aura diminué le nombre des crimes qui peuvent se commettre. Car le criminel a un sentiment d'orgueil extraordinairement développé. Combien de fois n'est-il pas arrivé à un avocat en pénétrant dans la cellule du criminel et de s'entendre poser cette question avant toute autre : « Que dit-on de moi dans les journaux ? »

Autre exemple : lorsqu'il s'agit d'un accusé qui est poursuivi pour un fait qui peut entraîner la peine capitale — assassinat pour voler — vous voyez, le plus souvent, un tout jeune homme de 15, 16, 17 ans à peine au banc des accusés. La plupart de ces jeunes criminels se sont grisés de la mauvaise publicité, de cette espèce de gloire que certaine presse met autour du criminel.

C'est ainsi, et pour des raisons multiples, que nous allons passer sous silence les crimes tout à fait récents, et nous contenter de parler des crimes anciens et surtout — et c'est en cela qu'ils sont intéressants — des crimes commis par des femmes.

C'est en province qu'on les trouve plus facilement. A Paris, il n'y a pas de beaux crimes. La vie de Paris est trop intense, on tue sans préparation, souvent sans préméditation, ce n'est pas la longue préparation des crimes savamment, admirablement ourdis comme on en trouve en province.

La femme qui est livrée à elle-même, dans un village de province quel-

conque, s'ennuie. Or, l'ennui étant mauvais conseiller, la femme devient facilement une criminelle. Mme Bovary deviendra facilement Mme Lafarge.

Il n'est pas de sujet plus intéressant, plus complexe, plus curieux, car la femme est bien plus intéressante à étudier, comme criminelle, que l'homme. L'homme ne sait pas se défendre. La femme, au contraire, est une accusée admirable. Quand une femme est jeune et jolie, surtout quand elle a une voix agréable, on peut dire qu'elle a infiniment plus de chances qu'un homme d'être acquittée. Les jurés sont des hommes, et ce ne sont pas des magistrats familiarisés avec les criminels. Ils se laissent toujours séduire par les larmes d'une femme; ils se laissent séduire par le charme de la voix. Ils ne comprennent pas les paroles, mais ils entendent la musique.

Je voyais un jour à la Cour d'assises, Me Demange. Il défendait une femme charmante, servante de brasserie. Elle était jeune, très excitante. Elle avait été épousée par un très brave homme qui l'avait retirée du ruisseau. Il avait acheté un fonds de marchand de vins et avait vécu quelque temps heureux. Puis, la boue retourne fatalement au ruisseau, elle avait odieusement trompé son mari. Un jour, elle avait pris tranquillement un couteau et, tranquillement, elle l'avait planté dans le corps de son mari qui était tombé raide mort.

Elle se trouvait donc dans les plus mauvaises conditions pour paraître devant la justice. Mais elle avait vingt ans, elle était jolie, elle avait surtout cet admirable moyen de défense pour la femme : une voix charmante. Quand le Président lui rappelait son passé plein de boue, cette femme qui ne trouvait pas de réponse se mettait à pleurer. Ses pleurs devinrent de plus en plus pressantes et, suivant le geste familier d'une tragédienne, elle mordillait son mouchoir. Elle eut une crise de nerfs opportune. On l'emporta et quand elle reparut au bout de dix minutes, ayant respiré de l'éther, elle était dégrafée, elle était décoiffée, et comme elle était jolie, elle était charmante ainsi. L'avocat eut à peine besoin de plaider : les jurés acquittèrent à l'unanimité.

Voilà un exemple frappant de la sensation qu'une femme peut exercer sur les jurés. Sans aller bien loin dans les affaires criminelles, ne vous souvenez-vous pas d'une affaire assez récente dont l'héroïne était du reste innocente. Elle était innocente, puisque elle a été acquittée, non seulement grâce au talent de son avocat, mais encore au charme de sa voix et à sa science féminine. Elle a employé vis-à-vis du jury les mêmes arguments convaincants qu'elle avait employés vis-à-vis d'autres personnes. Elle s'était admirablement défendue.

Vous connaissez le mot d'une femme célèbre : Mme Marneff, l'héroïne de Balzac. Après une vie passablement déréglée, elle est au moment de comparaître devant le grand juge : « Mais, lui dit une amie, n'éprouves-tu pas quelque crainte au moment de comparaître devant le juge suprême? » Mais elle avec un sourire : « Bah ! j'ai séduit bien des hommes ! j'arriverai bien à séduire le bon Dieu ! »

C'est cette confiance en elle qui fait que les femmes sont des accusés admirables.

Tenez, voulez-vous que nous parlions d'une affaire retentissante, que vous connaissez tous : Dalila. Vous vous rappelez Dalila ? L'histoire de Dalila est admirable au point de vue de la souplesse féminine et elle caractérise merveilleusement l'attitude que doit avoir une femme lorsqu'elle comparaît devant le jury.

Vous savez que Dalila avait promis, moyennant onze cents pièces d'argent, de livrer Samson, son mari, aux Philistins. Elle commença donc par caresser Samson, à l'entourer de mille prévenances et, après lui avoir entouré le cou de ses bras blancs, elle lui demanda le moyen qu'il faudrait employer pour lui retirer sa force. Samson ne voulut d'abord rien répondre, puis fatigué des supplications, de l'entêtement de Dalila, il répondit : « Si on me liait les bras et les jambes avec des cordes faites de nerfs très frais, eh bien, je serais vaincu ».

Dalila prend des cordes faites de nerfs très frais, et pendant le sommeil de Samson, elle lui entoure les bras et les jambes de ces cordes. Puis elle va prévenir les Philistins. Mais quand ceux-ci arrivent, Samson n'a aucune peine à se débarasser de ses entraves et met ses ennemis en fuite.

Eh bien ! savez-vous ce que Dalila fit : « Elle se dressa devant son époux et lui dit : comment! tu m'as trompée ! Tu m'as raconté une histoire invraisemblable ! Tu m'as menti, à moi ! et tu t'es dégagé de tes liens sans aucune peine ! »

Larmes, crise de nerfs firent ensuite leur entrée en scène..... et ce fut Samson qui demanda pardon. Et Dalila sortit triomphante de l'histoire.

Il faut agrémenter l'histoire de certains faits qui amusent et cela me rappelle une aventure de Tristan Bernard.

Elle date de son arrivée à Paris. Il avait pris la ferme résolution dès le mois de novembre de suivre avec attention le cours de la Faculté de droit.

Au bout de deux ou trois jours, il pensa que pour devenir auteur drama-
tique il était nécessaire d'être familiarisé avec le code de procédure et pour
cela, il n'y avait qu'un cours : c'était celui de droit pénal, parce qu'on
devait y entendre de belles histoires. Tristan Bernard entendit le professeur
de notre époque, mais il n'entendit aucune belle histoire. Alors, il ne revint
plus.

Eh bien, moi, je vais vous raconter de belles histoires. Nous allons
parler de crimes commis par des femmes. C'est bien là le voyage à travers
les grands procès que vous promet le programme suggestif de la Société
normande de Géographie.

Les femmes ont, pour commettre des crimes, des armes préférées, qui
conviennent bien à leur faiblesse et à leur fragilité. Ces armes sont le vitriol
et le poison.

Le vitriol ! Vengeance abominable ! Ceux qui, quelquefois, sont entrés
à la cour d'assises ont vu ce lamentable spectacle du témoin vitriolé qui s'a-
vance lentement. C'est l'homme qui a trompé et qui a reçu le prix de sa faute, le
châtiment, quelquefois, presque toujours disproportionné à cette faute. Il a
la figure rongée par le liquide corrosif. C'est maintenant un monstre épouvantable.

On a conservé le nom de la première accusée qui s'est servie de cette
arme redoutable : c'est une veuve Gras et elle commit son crime dans des
conditions extraordinaires. Elle avait un ami qu'elle adorait, et qui était
plus jeune qu'elle d'une vingtaine d'années. Mais, chaque matin, elle se
sentait vieillir. Elle vivait dans la terreur de penser que, la voyant vieillir,
des rides creusant sa figure, abîmant ses traits, les cheveux grisonner, son
ami finirait par se détacher d'elle. Elle soudoya un repris de justice.
L'homme attendit l'ami qui rentrait chez la veuve Gras et lui jeta à la tête
du vitriol. Puis il s'enfuit. La veuve Gras soigna son ami avec des soins
incomparables. Elle l'arracha à la mort, mais il était aveugle et complètement défiguré. Elle était maintenant complètement tranquille et satisfaite :
son ami ne la quitterait plus

Mais l'homme, le repris de justice, était un maître chanteur insatiable.
Un beau jour, ne pouvant plus obtenir d'argent, il dénonça le fait à la
justice. La veuve Gras fut condamnée à vingt ans de travaux forcés.

C'est la première femme qui, dans les annales criminelles, ait fait
usage du vitriol.

Mais il y a d'autres femmes plus célèbres, qui se sont servi du poison.

Nous pouvons évoquer d'une façon plus complète une histoire assez peu connue aujourd'hui : celle d'un crime commis par le poison par une jeune servante bretonne. Le fait est ancien. Il s'est commis en 1851.

Hélène Gegado était servante chez un rentier de Rennes depuis dix-huit ans. De 1833 à 1851, elle avait commis impunément, sans jamais être soupçonnée, vingt-six empoisonnements et huit tentatives d'empoisonnement. C'était un être monstrueux qui, patiemment, incessamment, vouait à la mort, sans intérêt véritable, la plupart des personnes qui l'entouraient.

Le 1er juillet 1851, deux médecins de Rennes, dont un médecin légiste vinrent trouver le procureur général. Une nommée Rose Tessier était morte chez un rentier de Rennes dans des conditions suspectes. Ils soupçonnaient l'empoisonnement. Une nommée Julie Sarrazin était décédée dans les mêmes conditions quelque temps auparavant.

Le parquet se transporta chez le rentier. En ouvrant la porte, on se trouve en présence d'Hélène Gegado et de son maître. Le procureur prend la parole. Je viens, dit-il, accomplir chez vous une mission singulièrement pénible et douloureuse, mais mon devoir me le commande..... Une domestique.....

Il n'acheva pas : Hélène Gegado s'écria : « Je suis innocente ! »

« Innocente de quoi ? fit le juge. On ne vous accuse pas ».

« Je suis innocente », reprend la servante.

C'était l'aveu. On l'arrête et elle finit par avouer et elle reconnaît qu'en dix-huit années, elle a commis vingt-six empoisonnements et huit tentatives d'empoisonnement. Histoire épouvantable ! !

Hélène Gegado fut condamnée à mort et exécutée.

Voilà une première histoire. C'est celle d'une paysanne qui, sans intérêts d'argent, sans motifs de vengeance, sans rancune, sans jalousie, uniquement pour le plaisir de tuer, voue à la mort toutes les personnes qui l'entourent. Mais cette histoire n'est curieuse et intéressante que par l'horreur du crime. Les détails tragiques y manquent.

Je passe à une autre histoire criminelle qui remonte à 1840. C'est l'histoire de Mme Lafarge qui est une des accusées les plus singulières qu'on puisse imaginer. Tout le monde connaît son procès Et en en parlant, on dit : c'est Lachaud qui l'a plaidé.

C'est une erreur. Non, jamais Lachaud n'a plaidé pour Mme Lafarge. Nous allons voir le rôle qu'il joua dans ce procès célèbre.

Marie Capelle était fille d'un colonel d'artillerie, ancien officier de la garde impériale. Elle avait été élevée à la maison royale de Saint-Denis. Elle était orpheline, admirablement apparentée, car elle était la nièce de la baronne Garat, femme du secrétaire-général de la Banque de France et de M. de Martens, diplomate.

Mme Lafarge a écrit elle-même, dans des lettres charmantes qui ont été conservées, à des amis de sa famille, l'histoire de son mariage.

Elle écrit à une de ses amies : « Je veux vous écrire une grande nouvelle : je me marie mercredi..... aujourd'hui les bans sont publiés..... Lafarge a vingt-huit ans, une tournure et des manières très sauvages, mais il a de belles dents, une réputation excellente. Il est maître de forges et possède dans le Limousin un joli château. Du reste, il m'adore. Il aime les chevaux.....

» Adieu, ma petite Emma, je griffonne comme un chat mais je vous aime comme un bon chien fidèle. Marie Capelle ».

Lafarge, maître de forges, était en réalité un homme complètement ruiné, veuf, sensiblement plus âgé que sa femme, vilain de tournure. Quant à sa fortune, elle était inexistante. Lafarge était complètement ruiné et compromis dans une affaire de billets faux. Il ne vivait que du renouvellement incessant d'effets de complaisance. Quant à son château, il tombait en ruines.

C'était le château du Glandier où allait pénétrer Mme Lafarge.

Elle y arrive par un orage affreux. Elle le raconte dans une de ces lettres :

« Le château du Glandier, dit-elle, est une simple maison limousine. En y pénétrant, je me crus la plus malheureuse des créatures. Je me mis à fondre en larmes en pénétrant dans ma chambre..... »

Le lendemain, l'orage a disparu. La pluie a cessé, un rayon de soleil fait changer toutes les dispositions de la jeune femme, elle a des idées plus radieuses. Et elle écrit à une autre de ses amies :

« Nous avons ici des légendes charmantes. Les hommes se marient à dix-huit ans, les femmes de quinze à seize ans. On a des enfants tous les ans. On adore beaucoup Dieu et l'on va droit au ciel par un chemin aussi long qu'ennuyeux »

Dans les premiers jours de 1840, une rumeur se met à circuler ? La nièce de la baronne Garat, femme du gouverneur de la Banque de France, est arrêtée pour avoir empoisonné son mari.

Immédiatement, deux partis se forment. Il y avait les Lafargeards et les anti-Lafargeards On se battait presque dans les dîners. Mais les partisans de Mme Lafarge étaient l'immense majorité jusqu'au jour où un incident nouveau vint tout à coup changer la face des choses et mettre en déroute ses plus chauds défenseurs.

Accusée d'avoir empoisonné son mari avec de l'arsenic, elle bénéficie encore du doute. Je veux vous dire mon sentiment intime : j'ai étudié le dossier de Mme Lafarge. Je ne crois pas que la preuve soit faite que Mme Lafarge ait empoisonné son mari. Malheureusement, une autre accusation moins grave, mais beaucoup plus terrible en réalité, allait peser sur elle. L'une de ses amies l'accusa de lui avoir dérobé ses bijoux. On faisait une perquisition au Glandier et, dans un coin, on découvrait, soigneusement cachés, tous les bijoux de Mme Nicolaï.

Mme Lafarge commençait par nier, puis elle avouait : « C'est vrai, Mme Nicolaï m'a confié ces bijoux pour les vendre, pour payer un maître chanteur qui détient des lettres compromettantes pour elles ».

Mme Lafarge comparaît devant la Cour d'assises de la Corrèze, accablée par les constatations de la science officielle représentée par l'illustre chimiste Orfila. Une autre légende fait dire que Raspail serait venu à la Cour d'assises et face à face avec Orfila, il aurait soutenu une lutte victorieuse avec le représentant de la science officieuse. Il aurait prononcé ces paroles célèbres : « De l'arsenic dans le corps de Lafarge, quoi d'étonnant ? De l'arsenic, j'en trouverai dans les pieds du fauteuil du Président des assises ». Et, se retournant triomphant vers Orfila :

« J'en retrouverais, dit-il, dans le corps d'Orfila, à la condition que ce savant veuille bien se prêter à un degré de cuisson convenable ! »

C'est ainsi que la légende déformant l'histoire s'est transmise dans le souvenir des hommes et qu'elle revit plus vivace que jamais au cours de soixante-dix ans.

« Quand Raspail arriva, dit-on, Orfila fila ».

Or, Raspail n'était pas venu. Il était arrivé à une centaine de kilomètres de Tulle quand un bruit mal fondé l'arrêta en route. Il s'arrête dans une auberge. On lui dit : « Mme Lafarge est acquittée ». Il ne se presse plus, et, en arrivant à Tulle, il apprend que Mme Lafarge avait été condamnée à vingt ans de travaux forcés... pour le vol des bijoux.

Parce qu'elle avait été, devant un jury provincial, peut-être trop habile et trop parisienne !

Quand on l'interrogeait au sujet de ses habitudes mondaines, elle répondait : « Vous devriez savoir que toutes les femmes qui se respectent prennent le thé à Paris ».

Les jurés de Tulle avaient une conscience singulière et troublante. L'un d'eux disait, avant les débats : « Les débats ne changeront rien. Mon opinion et celle de mes camarades est faite d'avance ».

Et comme on apprenait que Mme Lafarge était défendue par Me Paillet, les jurés disaient : « Ce bâtonniste vient de Paris. Mais nous ne croirons point ses belles paroles. Nous jugerons nous-mêmes ».

Ce fut le début de la carrière admirable, glorieuse de Lachaud qui, pendant quarante-deux années, sans connaître presque jamais les échecs, a parcouru avec une ardeur infatigable et inlassable la route glorieuse qui l'a conduit jusqu'en 1882 où il a ployé sous l'effort.

Lachaud a eu sa jeunesse illuminée par la jeunesse de Mme Lafarge.

Mme Lafarge, à son arrivée en province, avait entendu Lachaud, qui était tout jeune, plaider à la Cour d'assises de Tulle. Elle en avait conservé un excellent souvenir, le talent du jeune maître l'ayant vivement frappée.

On a conservé les lettres qu'elle écrivait à Lachaud, alors qu'elle était en prévention, pour lui demander son concours.

« J'ai vu que vous aviez un admirable talent. Aujourd'hui, je suis triste et malheureuse. Rendez-moi le sourire en faisant éclater mon innocence aux yeux de tous ».

Et Lachaud, qui a été amoureux de cette femme, qui a voulu mourir dans son cabinet de la rue Bonaparte sous le portrait de Mme Lafarge, a conservé pour celle-ci un culte que rien n'a pu amoindrir. Il la visita dans sa prison. Il voulu se faire inscrire au barreau de Montpellier pour être près d'elle.

Cette femme, qui rendait à Lachaud le sentiment presque tendre que celui-ci lui témoignait, l'en détourna : « Allez à Paris, oubliez-moi. Votre talent s'épanouira là. Partez. Votre départ me déchire le cœur, mais il le faut ».

Le souvenir de Mme Lafarge vit encore dans la mémoire de tous. Conservons un doute sur sa culpabilité. On peut penser que cette femme n'est peut-être pas digne de l'intérêt passionné que son défenseur lui a témoigné, mais où est la preuve de sa culpabilité ?

Nous allons terminer notre voyage à travers les grands procès par une autre affaire beaucoup moins connue mais peut-être plus curieuse, plus saisissante au point de vue psychologique dont certains héros sont peut-être encore vivants et dont, par conséquent, il n'est pas nécessaire de dévoiler les noms.

Je veux parler de l'empoisonneuse d'Aïn Fezza, dont l'affaire remonte à 1891.

Voici, comme dans une pièce, les personnages du drame :

Lui, le mari, est un officier qui, en 1884, est venu dans le Midi pour rétablir sa santé chancelante et ébranlée par les campagnes qu'il a faites aux colonies.

Elle, la femme, est une jeune russe de dix-sept ans, jolie, sans fortune, venue avec sa mère dans une pension de famille à Nice la pension de l' « Oasis ».

L'officier vient, remarque la jeune fille, prend des leçons de russe dont le résultat ne tarde pas. Au bout de quelques mois il demande la main de son professeur. La famille de l'officier résiste. Il enlève la jeune fille, donne sa démission et devient fonctionnaire en Algérie.

Il arrive à Aïn Fezza, en 1886, comme administrateur. Il se marie et sa femme, au début de leur ménage, a justifié toutes les espérances de cet homme qui a brisé sa situation, qui a rompu avec sa famille pour épouser celle qu'il aimait.

La jeune femme mène une existence austère, pieuse même. Elle a constamment sur sa table une Bible toujours ouverte.

Au bout de quelque temps, la colonie de fonctionnaires et de militaires remarque que la conduite de la jeune femme a singulièrement changé. La Bible, toujours ouverte autrefois, est maintenant fermée et serrée dans un coin.

Elle avait fait la connaissance d'un ingénieur qui, depuis longtemps la poursuivait de ses assiduités. Et la jeune femme, au bout de quelque temps, va devenir la proie de l'ingénieur.

Le scandale était sur le point d'éclater. Le mari, complaisant ou mal averti, ferme les yeux, quant un hasard fait découvrir le plus épouvantable des crimes.

Un ami du mari vient un jour à la maison, et pendant l'absence de la femme, voit sur une table une lettre fermée à l'adresse de l'ingénieur. Il s'empare de cette lettre, il l'ouvre et la porte au procureur de la République. Voici ce que contenait cette lettre.

« Tu vas, disait-elle, me gronder de l'imprudence que je commets. Mais il faut que tu saches dans quelle période de cauchemars je vis. C'est le quatrième jour. La plus grosse partie de ma provision est épuisée. Il lutte avec sa force vitale et son instinct de conservation. J'ai peur de ne pas avoir assez de force et de ne pouvoir aller jusqu'au bout. Ne pourrais-tu m'envoyer le remède. Tu mettrais sur le colis quatre à cinq paires de petits chaussons d'enfants. Je maigris tous les jours? J'ai très mauvaise mine et je crains de ne plus te plaire quand nous nous reverrons. Je t'adore ».

Le procureur arrive chez la femme, dont le mari est absent, lui lit la lettre que vous connaissez. Elle paraît sur le point d'avouer. Puis elle se reprend et dit : « C'est une plaisanterie. J'étais poussée par mon amant qui est en Espagne. Je voulais le tromper ».

Elle est arrêtée, et conduite à la prison d'Oran. A peine enfermée, elle avale une fiole de sublimé. Elle fut pendant six mois à l'hôpital, la gorge et l'estomac brûlés par le liquide corrosif. On la sauve.

L'ingénieur, conduit dans le bureau de l'alcade, fut moins surveillé ? Il réussit à s'emparer d'un fusil et se fit sauter la cervelle.

Quant à elle, elle écrit ses « heures de prison ». Et voici ce qu'elle écrit : « J'ai mal ! j'ai mal ! Tout le monde est en joie aujourd'hui. Je souffre tant que je ne peux même pas pleurer. Où sont mes enfants ? Mon Dieu ! ayez pitié de moi. Je n'ai plus la force de supporter mon infortune. La réalité m'accable et elle pèse sur mon cœur endolori. Comme je me sens seule ! Comme j'ai soif d'un peu de tendresse ! Ma première pensée cette nuit, quand j'ai ouvert les yeux dans ma prison et que j'ai entendu sonner les heures, a été de dire : voici ma dernière année. Mon cœur me dit : peut-être les hommes auront-ils pitié de toi. Mais ma raison me répond : tu as gâché ta vie par ignorance. Rends à la nature sa matière première. Plutôt que de pourrir dans une prison, va pourrir dans un trou ou du moins dans un endroit où personne ne te trouve... etc. ».

Elle comparaît devant la Cour d'assises. Elle espère encore le pardon de son mari, son suprême espoir est que celui-ci voudra oublier.

Mais la comparution aux assises a lieu et quand elle est mise en présence de son mari, celui-ci la regarde froidement et répond : « Je n'ai jamais pardonné à cette femme. Je ne lui pardonnerai jamais. Je n'ai plus pour elle aucun sentiment que celui de mépris et de dédain ».

Et pendant que le mari faisait cette déposition qui tombait sur elle accablante, on voyait cette femme qui déchirait nerveusement son mouchoir avec ses dents.

Son avocat s'approcha d'elle.

— Laissez-moi, dit-elle, je sais ce que j'ai à faire. Et, rentrée à la prison, elle s'empoisonna avec un poison violent qui était caché dans le coin de son mouchoir.

Mesdames, Messieurs, nous avons fait un petit voyage au pays du crime. Les voyages ne doivent pas être très longs, j'entends les voyages de ce genre. Il ne faut pas lasser la patience de son auditoire. Il faut que je réfute, cependant un reproche qui ne serait pas justifié. Vous pourriez me dire : tout à l'heure, en commençant, vous avez déploré l'excès de réclame qu'on faisait aux criminels. Et pourtant vous en avez parlé au lieu de, suivant votre conseil, faire la conspiration en silence. Pourquoi venez-vous ici, surtout dans une salle comme celle où nous sommes, parler des crimes et, sinon exalter, au moins réveiller leur souvenir qui doit rester à jamais endormi.

Je vous réponds : de même qu'il n'y a pas de mauvais aliments qu'il n'y a que de mauvais estomacs, il n'y a pas de sujets malsains si l'on sait choisir son auditoire. S'il n'y a que d'honnêtes gens, rien de grave. Ici, il n'y a que de braves gens, que des femmes irréprochables, absolument honnêtes. Par conséquent, à titre de renseignement, et uniquement pour montrer que la Société normande de Géographie traite quelquefois des sujets étrangers à son but, on peut sans danger évoquer des crimes qui sont presque effacés par le temps.

Et si quelque mauvais grain était bien involontairement tombé de mes mains, je suis complètement tranquille : dans des esprits comme ceux devant qui je parle ici ce soir, le mauvais grain ne pourra jamais parvenir à lever.

Remerciements au Conférencier :

MESDAMES, MESSIEURS,

L'appareil somptueux de la justice, le respect pour son temple, permettent trop rarement au public de manifester son admiration et son enthousiasme pour l'avocat.

Je suis heureux que, dans cette modeste salle, nous puissions du moins témoigner à Mᵉ Henri-Robert, le charme que nous avons éprouvé à l'entendre et le plaisir que nous avons eu à goûter le fin et délicat régal de son admirable talent.

Je ne sais si vous ressentez les mêmes sentiments que moi, mais en entendant cette apologie des assassins de tous les temps, j'éprouvais un très réel désir de m'embrigader dans la cohorte des grands criminels : d'abord, parcequ'il vient de nous prouver que les pires forfaits ne sont que peccadilles, ensuite, parce que faisant appel à son grand talent j'aurais la grande joie d'assister à un admirable plaidoyer et d'entendre prononcer, de mon vivant, un panégyrique tel qu'il n'en sera jamais prononcé après ma mort.

Je m'imagine — et je crois que Mᵉ Henri-Robert ne s'offusquera pas de la comparaison — que l'un des grands maîtres du barreau du xɪxᵉ siècle, Berryer, devait donner, quand on l'entendait, l'impression que nous ressentons tous en ce moment. Lamartine l'avait éprouvée, et à quelqu'un qui lui demandait en quoi consistait l'extraordinaire génie oratoire de ce maître de la parole, il répondait :

« C'est bien simple ; quand cet homme a parlé, tous ceux qui l'ont entendu, de quelque opinion qu'ils soient, n'ont plus qu'un seul désir : s'étreindre et s'embrasser tous

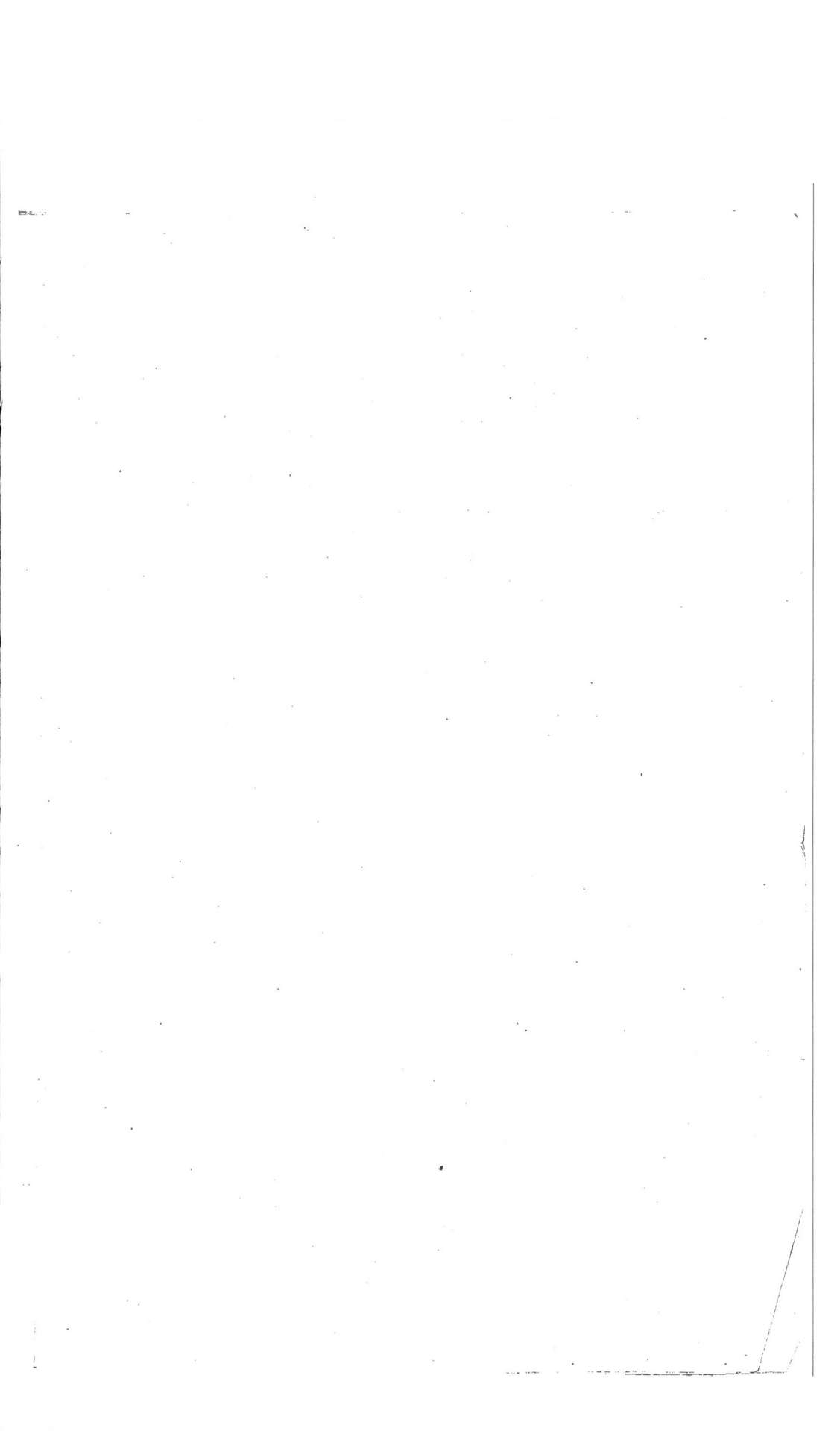

www.ingramcontent.com/pod-product-compliance
Lightning Source LLC
Chambersburg PA
CBHW050501210326
41520CB00019B/6311